JN418701

분단의 강에서 드리는 이 민족을 위한 기도

쉰 번째 흐르는 한탄강

이철우 지음

신광문화사

쉰 번째 흐르는 한탄강

인쇄일 2011년 11월 10일 초판 1쇄
발행일 2011년 11월 20일 초판 1쇄

지은이 이철우
펴낸이 전귀연
펴낸곳 **신광문화사**

주 소 경기도 파주시 문발동 파주출판도시 500-13(광인사길 210)
Tel (031)955-4211~6 donghwae@kornet.net
Fax (031)955-4217 www.donghwapub.co.kr
등 록 1991년 6월 26일/6-130호 공급처 도서출판 **동화기술**

ISBN 978-89-7432-379-0 03810
값 10,000원

저자 서문

엄마 품에 안겨 한탄강을 건넌지 쉰 번째 해가 갔습니다. 그 한탄강은 해마다 다른 모습으로, 해마다 다른 소리를 내며 흘렀습니다. 어린 시절의 한탄강은 철쭉꽃 피고, 미역 감고, 고기 잡던 놀이터였지만 때로는 두렵고 어디로 이어져 있을까 알 수 없던 동경이기도 했습니다. 강 건너 마을에 닿기가 쉽지 않았던 어린 시절 한탄강은 내 세계의 울타리이기도 했습니다. 청년이 되어 나는 한탄강을 내 발로 건넜습니다. 영노교를 뒤로 하며 더 넓은 세상, 한탄강의 끝을 보고자 떠났습니다. 세상의 수많은 강들을 보면서 한탄강은 잊혀지기도 했습니다. 아니 그저 작은 고향의 여울이었습니다. 어느 덧 장년의 나이가 되어 흐르는 것은 강물만이 아니라는 것을 깨닫고 혹독한 상처를 안고 돌아온 고향의 작은 강, 한탄강은 이전의 강이 아니었습니다. 한탄강은 나를 낳은 탯줄이었고, 나를 길러준 젖줄이었고, 나를 치유하는 생명줄이었습니다.

한탄강이 이 땅의 관상동맥으로 흘러야 했던 역사와 분단의 아픈 상처를 알았을 때 한탄강은 더 이상 어린 시절의 강도, 청년시절의 잊혀졌던 강도 아니었습니다. 한탄강이 맑게 흐르면 내 영혼도 맑아지는 것 같고, 한탄강이 힘차게 흐르면 내 핏줄의 약동도 그와 같아지는 것 같았습니다. 한탄강이 막히면 내 가슴의 관상동맥도 막히는 일체감, 이것이 쉰 번째 흐르는 나의 한탄강입니다. 한탄강에 안기어 부르고 싶은 노래, 한탄강에 앉아 하늘을 바라보며 염원하던 기도, 한탄강의 조약돌, 풀잎 하나하나에 깃든 사연들을 적어 보았습니다. 이 작은 글들은 쉰 번째 흐르는 내 인생의 자화상이기도 합니다.

작은 시집과 노래를 세상에 보이기 위해 도와주신 박정근 님, 정우용 님, 이우형 님, 이기경 님 그리고 사랑하는 여인들 – 어머니, 아내, 딸에게 감사드립니다.

이제 저는 “한탄강”이라는 제목의 3부작 소설을 시작하려 합니다. 그 작업은 또 다른 10년의 계획이기도 합니다.

나는 오늘도 한탄강이 있어서 행복합니다.

아! 한탄강이 거기 있어서 든든합니다.

2011. 11. 11

저자 이철우

차 례

한탄강의 조약돌

동시

한탄강의
노래

한탄강 1

은하수 밤사이 내려와 아침 물결로 반짝이고
이슬 맺힌 풀잎에 눈짓하며 머언 길 가려하네
남대천아 너는 무얼 보고 왔느냐
그리운 별 보고파서 꿈길 따라 내려온 길
바위결에 부딪히며 갈길 몰라 서성이네
아~ 아 소리쳐라 한~탄강아
물새 아니 듣겠느냐

수천 년 맴도는 전설을 저녁 여울로 되뇌이고
한 맺힌 바위에 볼 비비며 가던 길 돌아보네
비둘기낭 너는 무슨 생각 잠기나
그리운 님 품에 안고 숨죽이며 살아온 길
바람결에 스치우며 가는 길을 재촉하네
아~ 아 일어나라 한~탄강아
내님 아니 보겠느냐.

깊숙이 흐르는 네 영혼 시린 가슴 펼쳐 봐도
아직은 모르리 모르리라 네 발길 멈추는 곳
도감포야 너는 어딜 가려 하느냐
다시 돌아올 수 없는 안타까운 네 인생 길
큰 물결에 휘감기며 온몸 바쳐 떠나가네
아~ 아 잊지 마라 한~탄강아
우리 아니 만나겠냐

한탄강 2

한탄강은 젊기에 힘차게도 흐르고
한탄강은 깊기에 사연들도 많구나
한탄강은 처음이 용암이라 뜨겁고
한탄강은 차기에 냉철도 하구나
아 아름다운 한탄강
하늘의 귀한 선물
사랑해요 한탄강
어머니 같은 생명수

한탄강은 처음을 갈 수 없어 신비하고
한탄강은 낮기에 겸손도 하구나
한탄강은 여럿이 모여서 하나 되고
하나 된 그 여울이 우리들의 한탄강
아 아름다운 한탄강
하늘의 귀한 선물
사랑해요 한탄강
어머니 같은 생명수
어머니 같은 한탄강

한탄강이 한탄강 사람들에게

나는 지금
30만년 내 생애에서 가장 큰 아픔을 겪고 있습니다.

어느 날 천지를 뒤엎는 굉음과
옛것을 남김없이 삼켜버린 시뻘건 용암이
나를 덮고 대지를 덮었습니다.

나와 함께 숨 쉬던 모든 생명들은
단 하나도 살아남지 못했습니다.
사람, 짐승, 물고기, 벌레, 초목,
그 어느 것도 살아남지 못했습니다.
아니 풍요로움을 자랑하던 대지도 사라졌습니다.
용암은 꾸역꾸역 대지를 덮고 또 덮었습니다.
무엇을 지워버리고자 그리하였는지는 아무도 알 수 없지만

세상은 그때로부터 다시 시작했습니다.
지글지글 끓던 용암도 눈비에 식어가고
바람결에 더운 몸을 식혔습니다.
막막한 평면위에 내려지는 빗물은

어디로 갈 바를 알지 못하였습니다.
그러나 옛 멧부리는 마침내 본래의 물길을 알려 주었습니다.
이산 저산에서 쏟아지는 물길은
너무도 당연하게 옛 물길을 찾아 몸부림쳤습니다.
그것이 단단한 용암 껍질이었어도
나는 다시 드러날 수밖에 없었습니다.

본래의 내 하얀 속살이 드러나기까지는
수만 년의 세월이 필요했지만
그 아픔 속에서 용암대지는
다시 생명을 잉태하기 시작했습니다.
제 탄생의 비밀은 이러했습니다.

너무나도 아픈 과거가 있었기에
지금도 이 깊은 절벽 속에서 흐르고 있습니다.
나를 덮었던 그 뜨겁던 용암들이
이젠 나를 지켜주는 성이 되었습니다.
대지와 신새벽의 열락을 나누게 되자 생명들이 찾아왔습니다.
그들은 잉태하고 또 잉태했습니다.
무성하고 또 무성했습니다.
나는 모든 것을 내어주었습니다.
나는 모든 것을 받아들였습니다.

어디선가 사람들이 다시 왔습니다.
양지바른 강가에 그들은 나를 기대어 살았습니다.
나는 기뻤습니다.
다시 강으로 부활했기 때문입니다.
몇 번의 흔들림도 있었지만
나와 용암대지는 뗄레야 뗄 수 없는 몸이 되었습니다.
내 속살과는 분명히 달라도
이젠 그 용암이 내 살덩이가 되었습니다.
그 대지 속에 내 실핏줄을 박고
지금도 생명을 불어 넣고 있습니다.

뜨겁던 대지는 옥토가 되고
깎아지른 절벽은 성채가 되었습니다.
사람들의 새로운 발자취도 여기로부터 만들어진 것은
결코 우연이 아닙니다.
그것을 저는 다 보았습니다.
얼음장같이 식어버린 대지에 생명을 불어넣은 기적이
바로 저 뜨거운 용암이었다는 것을…
생명은 따뜻한 것을 추구하기 때문입니다.

사람들은 모이고 낳고 기르고 번성하였습니다.
대지는 물결이 번지듯 따뜻한 온기를 되찾아 갔습니다.
나와 대지는 더 많은 것으로 돌려주었습니다.
그리고 더 많은 것을 받아들였습니다.

사람들은 나를 건너면서 너무 많은 것을 잃기도 했습니다.
수없는 이별도, 살육도 보았습니다.
나를 사이에 두고 발을 동동 구르는 것도
얼마나 많이 보았는지 모릅니다.

사람들은 내 몸에 흡혈판을 박고
쉴 새 없이 빨아대면서 나를 놓아주지 않습니다.
먹다 남은 구정물은 다 깊은 내 몸으로 돌아옵니다.
그래도 다 받아들였습니다.
여기저기 크고 작은 생채기가 있었지만 참고 기다립니다.

전쟁의 참화도 지켜본 나였습니다.
핏물이 되어버린 나는 그것마저도 보듬고 흘렀습니다.
지금도 내 몸뚱이를 두드리는 포성이 있지만
이젠 타성이 되었습니다.

그러나 나에겐
그 전쟁의 참화보다도
사람들의 약탈보다도
더 두려운 고통이 엄습해 옵니다.
사람들이 내가 위험한 존재라고 억지를 부리며
내 흐름을 막는 것이 가장 치명적인 사건입니다.

그 두터운 대지도 뚫고 제 물길을 찾아내었는데
그렇게 인고의 세월을 흘러왔는데
이제 용암으로 뒤덮였던 아득함보다
더 아픈 막힘이 눈앞에 어른거립니다.

나는 보았습니다.
내가 죽으면 모두가 죽는다는
기막힌 과거를 알고 있습니다.
이미 사람들 사이의 진실은 질식되어 있는 줄 압니다.
모든 것을 받아들이고
모든 것을 내어주었던 순환이 절단되려 합니다.

물론 나는 언젠가 내 모습을 찾습니다.
그 뜨겁고 두껍던 용암도

나를 숨겨둘 수가 없었듯이 말입니다.
하물며 한줌도 안 되는 인간 욕망의 덩어리쯤이야.
그러나 그 대가는 바로 한탄강 사람들의 몫이 됩니다.

이제라도 늦지 않았으니
거두십시오.
나는 앞으로도 모든 것을 용납하고
또 그대들이 원하는 모든 것을 내어줄 것입니다.
그러나 하찮은 욕망의 대가는
온전히 한탄강 사람들 그대들의 몫입니다.

어머니 품속을 떠난 아이처럼
골짜기에 숨어서 부끄러운 눈빛으로 나를 내려다보겠지만
그 때는 이미 늦은 것입니다.
그래도 기어이 그대들이 욕망의 덩어리로 나를 가로 막는다면
나는 그 답답함을 견디지 못해 몸부림을 칠 수 밖에 없습니다.

그때의 깨달음은 어리석음과 같습니다.
부디 그런 일이 일어나지 않기를 소원하고 또 소원합니다.

아! 부탁입니다.

2007년 3월 19일

영노교에서

우리 아버지의 아버지는
그 다리를 널다리라고 했습니다.
그리로 피난행렬이며 급한 걸음들을 얹어놓았습니다.

나도 아슬아슬한 마음으로 꿈길을 떠나는 길에
완행버스를 건네주던 그 다리를 기억합니다.
공병단 책임자의 이름을 따 영노다리가 됐다는 이야긴
한참 후에야 알았습니다.

언젠가는 탱크도 지날 만큼
튼튼함을 자랑하게 새로 놓았는데
두 번의 홍수에 그만
흙탕물을 뒤집어쓰는 굴욕을 맛보았습니다.
그 후로 영노다리는 쓸쓸해 보이기 시작했습니다.

사람들도 영노교는 더 이상
험한 절벽을 이어주는 존재가 아니라

깊은 속내를 가질 요량도 없는
아주 흔하디 흔한 교량이 될 것이라 알고 있었습니다.
늘거리를 무식하게 판거로 부르더니
공사장 책임자 이름 석 자도 공허해 질 다리가
아주 웅장하게 들어 설 것입니다.

다리는 갈수록 강과 멀어지지만
매일 강을 열어주고 닫아주던 다리 그 아래…
한탄강은 모든 걸 올려다보며 흐르고 있습니다.

2011년 2월 4일

한탄강 수몰민

그들의 어린 시절은 피난민이었습니다.

그들의 부모는 일제의 '황국신민'이었습니다.

그들은 지금 수몰민이 되었습니다.

그들의 자식 또한 수몰민이 되었습니다.

피난민이 되기를 원하는 사람은 없었습니다.

황국신민이 되기를 원하는 사람은 더더욱 없었습니다.

그러나 수몰민이 되기를 간절히 원하는 사람은 있었습니다.

아~~~ 뒤집어 보면

피난민 만들기, 황국신민 만들기, 수몰민 만들기를

간절히 원하는 사람이 있었습니다.

조국통일을 위해서

대동아 공영을 위해서

홍수예방을 위해서

위해서! 위해서! 위해서! 였습니다.

물장구치던 지천들, 초등학교, 교회
그리고 마을 어귀의 잘생긴 느티나무
땀방울이 스며 속살까지 소금기가 배어있는 문전옥답들
지나온 삶의 부스러기들까지 다 사라져 갑니다.

언제나 빠른 사람은 벌써 살 궁리를 다했다고 부러움을 사고
누구는 팔자를 고쳤다고 으스대지만
더 깊은 골짜기로 가야할지 집단이주라도 해야 할지
서울 간 아들네 딸네는 무슨 생각을 하는지
부쩍 마음이 복잡해집니다.

지긋지긋한 부채를 갚으면
날품을 팔아도 다리 펴고 살 것 같아
은근내로 댐을 기다렸지만
돌아가는 일들이 생각 같지는 않은 모양입니다.

내년 봄
농사철이 돌아오면 논밭으로 발걸음을 옮기다가
돌아서기를 몇 번이고 되풀이 할지도 모르는 마음들이
아직은 담배연기만 허공에 날리고 있습니다.

지주와 양반과 탐관오리들의 욕심이 식민을
좌우로 나뉘어 제 몸이 토막이 나는 줄도 모를 때 전쟁이
허기를 채우다 못해 탐욕이 제 영혼을 삼킬 때 수몰이
짧은 인생을 살면서 이걸 다 겪어야 하는
정노인의 기구함에
그들은 침묵했습니다.

'철거전문'이라는 현수막과
'수몰민 우대'라는 농협의 예금유치 현수막이 나부끼며
가뜩이나 심란한 수몰민의 마음을 흔들고 있습니다.
그들의 문전옥답에 무성할 가시덤불이
마음속에 먼저 싹트고 있습니다.

어서 통일이 되면 죽기 전에
고향 산천이라도 한번 봤으면 하던 일이
아이들 고향마저 대물림으로 사라지니
고향 가까이 자리 잡고 돌아갈 날 기다린 잘못이라 돌릴 수밖에
그래야 맘이 편하지 누구를 원망하랴
원망이 오히려 더 큰 재앙이란 걸 누구보다 잘 아는 터라
오늘도 빈 하늘만 바라봅니다.

아무도 그들을 돌보는 이 없지만
여기
깊은 마음으로 그들을 사랑했던 한 수몰민의
기도가 있습니다.

하나님!
다시는 물로 심판하시지 않겠다고 무지개를 주셨던 하나님
이것은 심판이 아니시지요?
그냥 단순한 국책사업이지요?
거기에 우연히 아주 우연히 우리가 해당된 것이지요?
지난 세월의 거짓과 부패와 이를 용납하는 모든 마음들도
잘못된 것이 아니지요?
다만 제가 잘못 판단한 것이지요?
이왕 이렇게 된 마당에
오히려 홍수 조절도 잘되고
수몰민들도 이전 보다 더 행복하고
꼭 그렇게 되었으면 좋겠습니다.

그는 내년 봄에
다시 사과나무를 심는다고 합니다.
이번엔 아주 높은 곳을 찾아서…

한탄강이 멈추었습니다

한탄강이 멈추었습니다.

한탄강이 그 씩씩한 흐름을 멈추고 그만 누워 버렸습니다.

한번 영노교엘 가보세요.

우리민족의 관상동맥이 막혔습니다.

4대강 따위는 아무것도 아닙니다.

사지가 없어도 살수는 있지만 심장이 멈추면 끝입니다.

그토록 한탄강을 막으면 재앙이 온다고

부르짖고 부르짖었건만 모두들 대답이 없습니다.

한탄강댐 반대운동이 무너지면서

4대강이 홍수처럼 온 나라를 덮쳤습니다.

노무현 정권의 최대의 실책입니다.

원칙과 상식이 무너지던 전선이 바로 한탄강 댐이었습니다.

4대강을 반대하는 목소리들이 모두

철지난 장타령이라는 것을 우리는 잘 압니다.

지금 영노교엘 가보세요.
저는 심장이 답답합니다.
상식이 무너졌습니다.
돈 밖에 모릅니다.
아~~~~~~
이 백성이 고통의 바다에서 신음해야 할 것 같습니다.
아주 한동안
이 백성이 다시
정의와 상식과 선각자를 찾을 때까지
나는 흐름을 멈춰버린 한탄강가에서
나의 하나님께 기도할 수밖에 없습니다.

하나님
우리가 어떻게 해야 합니까?
지금 이대로도 괜찮은 건가요?

2010년 8월 16일

어느 날의 아침기도
오랜만의 편지
나를 찾습니다.
내가 통일을 원하는 진짜 이유
주님, 어찌 이런 아픔을 주십니까?
2009년 성탄기도
우리 어머니의 가을 수확 명세서
쉰 번째 봄
나를 키운 사람들
세모의 기도
떠오르는 것은 둥근 달만이 아닙니다.

한탄강의
기도

어느 날의 아침기도

하나님께 아룁니다.

다음은 오늘 아침 Naver 라는 포털에 올라온 각 언론사 정치면 대문뉴스 입니다.

북, 김정일 고급별장 호화 요트 휴양중 - 코리아 헤럴드
북, 상류층 '무한도전', '1박 2일' 보며 웃음보 - 헤럴드 경제
김정일 수해 와중에 호와 요트 휴가 - 코리아 타임즈
장마당에서 엄청난 일이, 충격 받은 북한 - 한국일보
주민들 물에 빠져 죽는데... 대단한 북, 김정일 - 아시아 경제
미, 북에 수해 복구 지원. 90만 달러 긴급지원 - SBS TV
DJ정부 서해 교전, 북 도발 물증잡고 공개 안 해 - 중앙일보
소 6마리 때문에 북, 잔인한 공개 처형 - YTN
북한판 삼청 교육대 서술 퍼런 '폭풍군단' - 헤럴드 경제
군 연평도 교훈, 얻은 게 없다 - 문화일보

이 뿐 아닙니다. 조선일보는 김현희 시리즈를 특종마냥 내보내고 있고 뉴데일리는 더 말할 나위도 없습니다.

우리가 어렵고 힘들더라도 이런 북한을 보고 있노라면
참 대한민국에 사는 것이 축복이고 다행이고
뭐 그렇다는 생각이 듭니다.
어디에도 남북이 화해하고 교류하고
잘 지내야 한다는 기사는 없습니다.
그런 말 하면 종북이 되니까요
그런 면에서 북한은 참 소중한 존재이고 필요악이고
계속 우리의 상대적 행복감을 위해
그렇게 있어줘야 할 것 같습니다.
왜냐하면 북한이 없어지면 같이 사라져야할
존재자들이 얼마나 많겠습니까?

북한과 극우가 함께 사라지면 좋은 세상이 될까요?

하나님 당신의 뜻이 어디에 있습니까?
하나님을 모르는 북한도, 자신의 이념과 욕망의 옹호자로
하나님을 사용하는 대한민국의 극우도
하나님 보시기에 좋진 않으시죠?
언제까지 입니까?
우리의 이 뻔한 갈등이 언제 그치겠습니까?

우리의 힘과 노력만으로는 안 되는 일이라는 걸 알지만
하나님, 그냥 답답합니다.
그래도 북한이 변화되고 극우가 설 곳이 없는 게
순서일 것 같습니다. 왜냐구요?
북한이 존재하는 한 극우는 함께 공생하는 존재이니까요
아하, 북한이 필요해요?
북한도 극우가 필요하겠지요?
서로를 바리새인이라 일컫는 바리새인들이 두렵긴 하지만
하나님 그래도 이 백성을 버리진 마시옵소서. 아멘.

2011년 8월 19일

오랜만의 편지

먼지 수북한 책상 위를 더듬어 봅니다.
언제적 기억일까?
내 영혼에도 그렇게 때가 끼었습니다.

언제나 다른 이들과 조금은 다를 것 같고
또 달라야 한다고 오해하던 시절이
먼지 속 유리판 아래 고스란히 남아 있습니다.

다시
편지를 쓰려합니다.
그리운 님에게 아니 미안한 당신에게
아직은 뿌연 생각 너머로 머뭇거리기만 할 뿐이지만…

아~
기도가 필요한 모양입니다
간절히 마음을 모아야 할 듯합니다.
너무나도 똑같은 내 모습을 비추는
먼지 쌓인 유리판이 부끄럽습니다.

오랜만에 연필을 들고는
먼지 위에 이렇게 씁니다.
'그래도 당신은 택함 받은 사람'

사랑 이전에
서로를 존중하는 세상이 좋은 세상이며
진정으로 존중할 때 그걸 사랑이라고 합니다.
오늘 하루 이 말을 잊지 않아야겠습니다.

실로 오랜만에 편지를 씁니다.
수북이 쌓인 먼지 위에…

2011년 6월 20일

나를 찾습니다

잠시라도 안일하면 내가 이래도 되나
혹 곤경에라도 처하면 내 허물이 무언가
다가가 도움이 되진 못하나
힘겨워 할 누군가를 맘속에 그리면
그렇게 그리워하면 사랑 아닐까요?

열정이 식었습니까?
고난이 사라졌습니까?
그리운 사람이 없습니까?
그렇다면 당신의 맘속에
사랑이 필요하다는 뜻일지 모릅니다.

사랑이 엷어지면 그 자리에
어김없이 욕심이 차지하거든요.
내 뜻이 이루어지길 바라고
이웃의 일용할 양식을 가로채고
용서와 이해를 멀리하고
결국엔 자신도 모르게 슬픔의 늪으로 빠지게 됩니다.

젊은 날의 열정이 고난을 낳았다 하더라도
그 고난을 이제껏 안고 산다 해도
그것은 사랑이었습니다.
눈물 나게 그리운 사랑이었습니다.

이제는
그 사랑의 추억마저 그리워하는 욕심쟁이가 되어
안일함을 탐하고
제 양식만을 구하고
제 식구만을 그리워하는 우스꽝스런 사람이 되었습니다.

"나는 사랑이다
너는 나를 본떠 만들었다"
그런데 나는 도대체 어디를 갔습니까?
누구 나를 찾아줄 이 없습니까?

2010년 7월 26일

내가 통일을 원하는 진짜 이유

나는 이 민족이 하나 되길 진정으로 원합니다.
그 이유는
금강산이 그리워서가 아닙니다.
세계를 다니다 보면 금강산보다
더 화려한 절경이 숱합니다.
북한 동포가 불쌍해서가 아닙니다.
사람은 누구나 다양한 처지에 있게 마련입니다.
북한체제가 좋아서는 더더욱 아닙니다.
북한의 방송을 얼핏얼핏 접하다 보면 끔찍합니다.
그렇다고 본래 한민족이었다는 이유만도 아닙니다.
같은 민족이라고 늘 같은 나라를 이루어야 한다는 법이
어디 있습니까?
여러 민족이 한 국가를 이루며 사는 경우가 더 많습니다.

그런데 왜
통일을 원할까요?
그것은 분단이, 그로 인한 증오가
우리의 상식을 질식시키기 때문입니다.

극단적인 사람들의 증오가 상식을 대신하기 때문입니다.
상대를 증오하면 선
상대를 믿으면 악
다른 생각은 모두 몰상식이 되는 게 싫어서입니다.
증오로 가득찬 자들의 주장을 믿지 않으면
그 증오가 나에게로 향하기 때문입니다.
물론 믿을 말도 있고
그렇지 않은 말도 있을 것입니다.

증오로 가득찬 극단주의자들도
가끔은 통일을 노래합니다.
그것은 남이나 북이나 매 한가지입니다.
자신의 이익이 영속되는 것을 전제로 한 통일입니다.
이 때의 통일은 이념이고 종교가 됩니다.
극단주의자들의 협박이 두려운 수많은 '진보'도
스스로를 속이며 통일을 외치고 있습니다.

이 민족의 분단은 참으로 운명적입니다.
그것은 세계사적이라는 말입니다.
우리 혼자 잘 한다고 풀릴 문제가 좀처럼 아니라는 것입니다.
언제든지 상식을 뒤엎을 사건들이 줄지어 기다리고 있습니다.

언제든지 증오로 아우성치게 할 준비가 되어 있습니다.
극단주의자들의 이익이 위기에 처하면
우리들의 상식 또한 위험에 처한다는 사실을
너무 많이 보아왔습니다.

분단의 슬픔은 여기가 전부가 아닙니다.
우리들의 일상을 자세히 들여다보십시오.
얼마나 말도 안되는 일이 많습니까?
그 몰상식 위에 성립한 학문이, 예술이, 그 모든 관계가
얼마나 많습니까?
심지어 우주만물의 상식을 궁구하는 종교도
이 땅에서는 그 위에 성립합니다.
그런 사람들의 놀라운 확신이
우리들의 상식을 숨 막히게 하기 때문에
나는 통일을 원합니다.

언젠가
아주 먼 훗날일지
아니면 바로 내일일지 모르지만
지금의 극단주의자들이 사라지는 날
그날이 통일의 날이라는 것만은 확실히 알 수 있습니다.

물론 상식이 통하는 세상이라면
영원히 분단이라도
아니 두 개의 나라라도 나는 괜찮을 것 같습니다.

전쟁불사를 외치는 사람들의 용기는
무엇을 사랑해서일까요?
천안함이 단지 믿음의 문제로 환원되는 나라
그들만의 나라를 지키기 위해
우리는 전쟁도 불사해야 합니까?

저는 그들에게
한마디 해 주고 싶군요.
"짖는 개는 물지 않는다."고 말입니다
이게 상식입니다

추신 : 이번 주는 6.25전쟁 60주년이 되는 주일입니다.
여러분, 전쟁에 대해 진지하게 생각해보는 한 주일 되시기 바랍니다.

2010년 6월 21일

주님, 어찌 이런 아픔을 주십니까?
- 천안함 희생자 영령을 생각하며

꽃다운 젊은이들이 어둡고 차가운 바다 속에 잠겼습니다.
어떤 이유였던 간에 너무도 잔인한 일입니다.
그저
망연스럽기만 합니다.
부모들의 오열이 형제들의 절규가
우리의 가슴을 미어지게 합니다.
왜?
이런 아픔을 주시는지요.
왜?
이런 슬픔을 당해야 하는지요.
지금,
그 가족들에게 무슨 위로가,
어떤 설명이 의미가 있겠습니까?
주님, 당신은 아시지요.
이건 그냥 우연한 일이 아니라는 걸 당신은 아시지요.
아, 너무나 슬프고 답답합니다.

오늘은 잠을 설치면서 생각을 했습니다.
망망한 밤바다 위에서는
거대한 군함도 일엽편주라는 사실을
우리의 인생이
순간순간 밤바다를 항행하는 조각배라는 사실을
그래도
우리 젊은이들만은 지켜주셨어야지요.
고난주간이 시작되었습니다.
이 민족을 두렵게 하는 시련의 어두운 망망대해는
분단입니다.
분단으로부터 나오는 끝도 없는 증오입니다.
그 증오가 어떤 애국심으로 말하여진다 해도
증오는 증오입니다.
오늘
우리의 자식들이 십자가를 지고 갑니다.
아무 죄도 없는 그들이
우리를 대신하여 차가운 바다 속으로 갔습니다.
어둡고 무서운 죽음의 골짜기를
우리의 죄를 짊어지고 갔습니다.

주님!

그들을 보살펴 주십시오

살아남은 것이 결코 자랑이 될 수 없듯이

이 민족 모두에게 그 십자가를 생각하게 해 주십시오

이 민족의 고난의 씨앗이

바로 형제간의 미움이었음을

이제라도 깨닫게 되는 오늘이 되게 해주십시오.

그리고

사람의 위로가 아닌

당신의 진정한 위로를 유족들에게 베풀어 주십시오. 아멘.

— 천안함 희생자 영령을 생각하며 —

2010년 3월 29일

2009년 성탄기도

한번 가슴에 손을 얹고 생각해보세요.
내가 웃기 위해서
누군가의 눈물을 필요로 하지는 않는지
내가 배부르기 위해서
누군가의 주림을 외면하지는 않는지
내가 행복하기 위해서
그 누군가의 행복을 저당 잡지는 않는지

삶은 결코 내기가 아닌데
현실은 온통 내기가 된 듯합니다.
물론 지금 자신이 가진 것에 감사하라고는 하지만
그건 당연한 삶의 자세고
더 중요한건
나를 위해 나만을 위해
타인을 의도적으로 괴롭히지 말라는 겁니다.

합의된 경쟁에서도
승패는 있을 수밖에 없습니다.
그래도 승자는 미안해해야 합니다.

함께 경쟁해 준 사람에게 감사해야 합니다.
혼자라면 무슨 맛이겠습니까?
누구나 패자가 될 수 있고
또 가끔 승자가 되기에 더욱 그렇습니다.

힘이 있다고
가진 것이 많다고
다른 사람을 힘들게 하면
자꾸 그렇게 하면 언젠가는
당신에게 돌아오는 단 한 번의 패배가 다시는 다시는
일어날 수 없는 패배가 되기 때문에 충고합니다.

예수가 이 땅에 온 이유는 바로
약육강식의 세계에
인성을 부여하러 온 것입니다.
그 인성이 사랑이지요.
사랑은 곧 하나님이구요.
그래서 사람의 모습으로 온 것이고
낮은 곳으로 온 겁니다.
사람들은 자신의 고통이나 누군가의 희생을 통해서만
마음을 돌이키기에

십자가도 멘 것 입니다.

추위에 오들오들 떨고 있는 나무에
반짝이는 불빛처럼
모두들 그런 모습으로 서로를 맺고 있지는 않은지요.
좌우로 나뉘어 벌이는
그 얼토당토 않는 괴롭힘만 없다면
이 세상은 꽤 살만 할 텐데요.
그러면 좀 뒤쳐진다 해도
사람들은 서로 나누며 잘 살 텐데요.

우는 사자와 같이 두루 다니며
삼킬 자를 찾는 무리가 있다 해도
좌는 우를 우는 좌를
단죄하기에 골몰한다 해도
우리들만은
아니 나만은 그러지 말아야 합니다.
우리에겐 백 번의 패배가 있더라도
단 한 번의 확실한 승리가 예정돼 있으니까요.

2009년 12월 24일

우리 어머니의 가을 수확 명세서

우리 집은 쌀을 제외한 거의 모든 먹거리를
직접 농사한 것으로 합니다.
대충 이렇습니다.
아주 이른 봄부터 우리 밭과 집 둘레에는
냉이 고들빼기 민들레 달래
그리고 집에서 기르는
나물취 두릅 파 마늘 상추 쑥갓 등 각종 쌈채소
감자 도라지 여름엔 옥수수 완두콩 강낭콩
봄배추 여름배추 열무를 먹고 나면 가을이 옵니다.
김장을 위해서 무 배추는 기본이고
쪽파 파 갓 달랑무
아래 밭에는 검은콩 두부콩 참깨 들깨 고추 청량고추 땅콩
고구마 팥 동부 녹두 밤 대추까지
배 사과 포도 머루 개복숭아
올해는 매실도 거두었습니다.

어제는 들기름을 나누시며 올해는 들깨를 많이 했는데

들깨 값이 여간 비싼게 아니라며 흐뭇해 하십니다.
나머지 것들은 김장 담그는 날 이미 나눠서 보냈습니다.
그런데 이 모든 먹거리를 생산하면서
우리는 단 한 방울의 농약을 쓰지 않았다는 것입니다.
어떻게 그럴 수 있느냐구요?
바로 어머님의 손끝에 들려있는 호미 덕분입니다.
텃밭이라고 하기에는 너무 큰 천 여 평을
호미하나로 농사를 지으셨습니다.
제초제를 쓰지 않고 고추나 배추에도
단 한번 농약을 치지 않았습니다.
심지어 올 김장채소에는 비료도 조금 밖에 주지 않아
아담하게 키웠더니 보통 맛있는 게 아닙니다.

지금도 어머님은 키질입니다.
아들네 딸네 보내줄 것들을 손질하는 것입니다.
그런 어머니가 어제는 손이 아프시다며
내게 하소연을 하셨습니다.
무조건 쓰지 말라고 일러 놓고 모레는
한의사 며느리에게 모시고 갈 예정입니다
손가락 관절에 너무 힘을 많이 주어서 생긴 병이라

쉽지는 않을 듯싶습니다.
지금도 우리 집 광에는 내년에 심을 씨앗들이
올망졸망 자리를 잡고 있습니다.
벌써 마늘은 심어 놓았구요.
수십 가지 종자들은 어김없이 제자리에서 겨울을 나고
내년 봄이면 순서대로 어머님의 손에 이끌려
땅속으로 들어갑니다.

우리 4남매는 집집마다 어머님의 땀방울을
냉장고에 담아놓고 삽니다.
말로는 어머니 이제 그만 하시라고 하면서도
주말이면 또 갑니다.
거기에는 먹을 것이 늘 풍성합니다.
우리 어머니의 수확을 어찌 돈으로 계산할 수 있겠습니까.
어머니는 땅과 하늘과 사람의 관계를 너무도 잘 아십니다.

들기름 참깨 땅콩 밤까지 한 보따리씩
이웃에 혼자 사는 분들께 나누는 것도 잊지 않으십니다.
아 참 지금 우리 집은 메주가 상석을 차지하고 있습니다.
다음 주에는 두부를 하신다고 합니다.

무궁무진한 우리 어머니의 생산력을
우리는 반도 따라가지 못합니다.
돈으로 사면 된다구요?
천만에요. 안팝니다.
물량이 없어서 아무리 값을 많이 줘도 못 팝니다.

우리 어머니의 가을 수확!
억만금입니다

2009년 11월 마지막 날

쉰 번째 봄

올해 봄은

꽃은 있으나 향기가 없습니다.
훈풍이 없어져 그런 모양입니다.
들판에는 삭풍의 찌꺼기들만
웅성거리며 버티고 있습니다.

춘삼월이 다 지나도
꽃이 지고 초록 잎 살랑거리는 바람 끝에도
내 마음은 아직도 진눈깨비만
움츠려버린 달맞이꽃 위에
참 매정하게 내리고 있습니다.

겨울이 갔다고
부풀던 사람들도
이 봄이 언제나 지나가냐고

속절없이 여름을 기다립니다.
그래야 다시 가을이, 겨울이
그러다 보면 이 봄과는 같지 않을
아니 같으면 절대 안 될
그런 봄이 올지도 모르니까요

올 봄처럼 나른하고 팍팍한 거라면
차라리 매서운 바람에 옷깃을 여미며
날카롭게 봄을 기다리는 편이
아직은 씨앗으로 누워있는 車前子가
수레바퀴에 온몸 해져버린 질경이 보다
마음이 편할까하는
사람들이 꽤 있는 듯 싶습니다.

탯줄로 아련히 느끼던 봄 이래로
쉰 번의 봄이었지만
아직은 모든 봄이 진정한 내봄
내봄을 노래하기 위한 似 以 非 春!

2009년 5월 4일

나를 키운 사람들

어딜가나 나를 시험에 빠지게 하는 사람이 있습니다.
초등학교때는 뒷집 친구였고
중학교때는 같은반 친구였고
군생활 할때는 선임하사였고
대학교때는 교수님이었고
징역살이 할때는 교도관이었고
정치할때는 보좌관이었고
운전할때는 앞차 옆차 뒷차였고
그랬습니다
근데 지금 생각해보면
난 그들과 일생을 살았고
그들이 날 키웠습니다.
그런데
난 누구를 시험에 빠뜨리며 살아왔을까요?
이루 헤아릴 수가 없을겁니다.
정말 미안한 마음입니다
내일도 본의 아니게 누군가를 시험에 빠뜨릴 것입니다

정의라는 이름으로
원칙이라는 잣대로
그렇게 강변하며 누군가를 힘들게 하지는 않을까
두려운 마음으로
하루를 마무리 합니다
야당의 수석일을 하면서
문득 이런 생각이 들었습니다

2011년 1월 11일

세모의 기도

언제나 나의 힘이 되시는 주님!
우리의 간절한 부르짖음에 귀 기울이시는 주님!
주께서 예정해 놓은 한 해가 저물고 있습니다.
이 땅 전체가 갈 곳을 몰라 방황하며 흔들거리고 있습니다.
수많은 미움과 혼돈은 다시 해를 넘기게 되었습니다.
하루하루의 행복과 보람보다는 불투명한 미래에 대한 준비에
주께서 주신 귀한 오늘을 희생해야 하는 어리석음이
지난 한 해가 아니었나 뒤돌아보게 됩니다.

주님 앞에 맹세컨대 상대 후보를 비방치 않았노라 강변하여도,
산위에 올라 목 놓아 부르짖어도
세상의 판결은 정반대였습니다.
하지만 주님을 단 한 순간도 원망치 않았습니다.
판결 이후 따르던 사람들이 제 갈 길로 흩어질 때에도
그들을 탓하지 않았습니다.
절대 그 말을 하지 않았음에도
이렇게 만든 주님의 깊은 마음을
아직도 헤아리고 있을 뿐입니다.

그리고 한 때 짧게나마 국회의원이었다는 헛된 생각을
하루빨리 잊게 해주십시오.
이제 지난 시간 나에게 주어졌던 모든 일들을 통해
새롭게 관계를 만들도록 이끌어 주십시오.
너무도 많은 교훈을 지난 1년 동안 저에게 주신
놀라운 은총에 감사드립니다.
주님이 허락치 않은 일은 어떤 노력도 물거품이 되며
주님이 이루시려 하면 어떤 난관도 순풍이 됩니다.
이제 그 뜻에 순종하며 살아가는
지혜를 갖게 해 주십시오.

아직도 이 땅은 한치 앞을 볼 수 없는 안개에 휩싸여 있습니다.
부질없는 이념에 얽매여
남북은 60년을 넘게 갈등하고 있습니다.
그 갈등을 자신의 잇속을 위해 부추기는 죄악도 있으며
그 죄악을 자신도 모르면서 확신에 찬 애국이라 부르짖는
어리석음도 헤아려 주십시오.
노예제의 폐지는 남북전쟁의 뿌리였습니다.
노예제를 놔두고는 미국의 발전과 내일은 없었습니다.
이처럼 우리의 남북도 마찬가지입니다.

흑인의 자유로운 노동이 미국의 자본주의를 꽃피웠듯이
남북의 자유로운 통일은
세계인들의 자유를 확장시켜 줄 것입니다.
특히 기독교인들에게 사랑의 마음을 갖게 해 주십시오.
그리스도의 이름으로 동족을 증오하는 어리석음이
안타깝기만 합니다.

북녘 땅에도 하나님의 크고 놀라운 섭리를 알도록
지금도 역사하시는 주님!
자신의 욕심을 위해 주님을 앞세우는
남쪽의 기독인들도 깨우쳐 주십시오.
기독인들이 속세의 최고 기득권자가 되어
그의 행위가 반기독인이 되어가는
이 땅의 현실을 누가 주님께 고하겠습니까?
그들에게 진정한 사랑을 깨닫게 해 주십시오.

강대국들은 그들의 이익을 위해
우리를 에워싸고 대결하고 있습니다.
만유의 주재가 되시고 모든 행위의 조정자가 되시는 주님!
이 땅을 통해 드러내고자 하는 큰 뜻을
우리가 알게 해 주십시오.

지난 한 해 우리는
세상의 헛된 욕심이 얼마나 우리를 불행하게 하는가
절실히 느꼈습니다.
거짓은 결국 드러나게 되어 있다는 믿음도
더욱 커졌습니다.

많은 백성들이 기쁨으로 일할 수 있는 나라,
작은 것 하나라도 나눌 수 있는 사랑이 넘치는 나라가
진정 우리가 바라는 나라라는 것을
절실히 느낀 한해였습니다.
그 깨달음을 주신 주님께 감사드립니다.
아직도 서로의 잘못을 징치하기에 여념이 없지만
하루 속히 빈 마음으로 돌아갈 수 있도록 도와주십시오.

지난 한 해 세상일로는 억울한 것도 많았지만
나를 통해 억울함을 입은 사람이 있다면
아량이 넓으신 주께서 신원하여 주십시오.
부족한 저의 욕심으로 인해
많은 사람을 힘들게 하였습니다.
모든 것에 풍족한 주께서 위로하고 채워 주십시오.
곤경에 처한 저를 오히려 따뜻한 마음으로 위로하고 감싸준
주님의 사람들에게 더 큰 은혜와 힘을 주십시오.

과학이 아무리 발달하고
주께서 만드신 섭리를 판단하려는 이성이 날카롭다 해도
주님의 섭리 안에서 겸손치 않으면
모두가 헛되고 헛된 일이라는 것을 깨닫게 해 주십시오.
그것을 깨닫는 것이 지혜라는 것을 알게 해 주십시오.
줄기세포가 우리의 생명을 치유하는 것이 아니라
그 생명의 섭리를 알고
그 주재자의 사랑을 이웃과 나누는 것이
곧 치유라는 사실을 알게 해 주십시오.

이제 한 해가 저물고 있습니다.
주께서 이 민족에게 주신 크나큰 사명을 깨닫는
한 해가 되었습니다.
좁은 땅덩이에서 좁은 제 잇속만을 위해 발버둥치는
어리석음을 발견하는 세모가 되게 해 주십시오.
대통령 이하 백성들에 이르기까지
서로를 용서하고 용납하는
훈훈한 세모가 되길 간절히 원합니다.
지난 한해 우리 사회는 '미움'이었습니다.
그 미움의 뿌리는 욕심이고

그 욕심은 남북의 갈등으로 지켜집니다.
새해에는 이 큰 미움의 실타래가 풀려지게 해 주십시오.
이를 위해 간절히 기도하는 백성이 되길 원합니다.

지난 한 해 동안 어지러운 세상을 헤쳐온 이웃들에게 주신
변함없는 주님의 사랑을 감사드립니다.
그들의 놀라운 인내와 사랑이 결국 주님의 뜻이며
그 뜻이 이 땅에 펼쳐지는 새로운 한해가 되길 기도합니다.
우리에게 희망의 새해를 준비해 놓으신 주님께 감사드리며
부족한 마음을 모아 기도드렸습니다.

2005년 마지막 주 월요일 아침에

떠오르는 것은 둥근 달만이 아닙니다.

벌써 10여 년째 누워있는 남편을 간호하는 동창생!
암 수술을 받은 교회 집사님!
훌쩍 저 세상으로 가버린 남편의 체취가
아직도 방안에 남아있는 젊은 집사님!
자식이 사고로 비명에 가버리고 난 이 세상을
쓸쓸히 사시는 두 老집사님!
막내딸 마저 시집보내고 홀로 사시는 老집사님!
생활고로 집을 나가버린 아내를 기다리는
젊은 남편과 그 두 아들!
할머니와 함께 살며 살림살이를 도맡아 하는 중학생 상수!
아들딸이 다 있건만 홀로 사시는 팔순의 집사님!
이제는 움직일 수조차 없는 근위축증의 승호!
사고로 전신마비가 된 너무너무 안타까운 재호!
빚에 쪼들려 집나간 부모를 기다리며 사는 5남매!
30이 훨씬 넘었는데도 그냥저냥 사는 용선이!
백혈병 때문에 병원에 갇혀 있어야 하는 지은이!
40이 넘도록 장가 못 든 농촌 총각! …
제가 다니는 교회에 있는 사람들의 모습입니다.
농촌의 모습이기도 합니다.

감옥에서 창살에 걸린 보름달을 바라보고 있을 사람들!
군에 가 있는 식구들!
이라크에 파병된 효재!
외국에 공부하러 간 처남!
너무 살기가 힘들어 고향으로 가기가 힘겨운 사람들!
장애인 시설, 양로원에 있는 사람들!
태풍에 삶의 터전을 잃은 이재민들!
전쟁으로 고통 받는 사람들!
분단으로 고통 받는 모든 사람들!
억울하고 억울한 사람들!
원양어선에서 고기 잡는 선원들!
사원들 월급을 주지 못해 쩔쩔매는 중소기업 사장님들!
분신한 화물노동자!

살면서 만나온 사람들을 떠오르는대로 적었습니다.
대목 장 치고는 평소나 다름없는 장터를
한 바퀴 돌면서 떠올려본 사람들입니다.
오늘은 포천 장날이라 명절 밑 대목 장 구경을 갔었습니다.
한수이북에서는 제일 크게 선다는 포천장도
예년만은 못한 것 같습니다.

젊은이들은 없고 어르신들만이 장 구경을 나온 듯 했습니다.
몇 해 전만 해도 발 디딜 틈 없이 사람이 많았는데
장터에서 국수 한 그릇 사먹고
돌아오는 발길이 가볍지만은 않았습니다.
얼핏 보아도 중국산이 지천인 우리네 장터도
세월은 어쩔 수 없나 봅니다.

하지만 우리가 보기에는 힘겨워 보이는 그런 이웃들에게도
언제나 희망이 샘솟고 있습니다.
가시금작화는 딱딱한 가시에서 꽃이 피어납니다.
시련과 고통과 외로움이 더 큰 환희와 승리의 전주곡이듯
그 시련이 지나고 나서야 알게 되듯이
오늘 우리는 지금 이 순간
감사의 제목을 찾아야 할 것입니다.

배우기는 많이 배워 박사, 검사, 판사…
으스대지만 사람답게 사는 법만 빼놓고 배운 사람들!
가진 것은 세상에 없는 것이 없도록 다 가졌지만
사람이 꼭 가져야 할 것이 없는 사람들!
바쁘기는 동트기 전부터 밤이 이슥토록 분주하지만

사람다운 행동은 찾아보기 힘든 사람들!
그런 사람들 속에 당당히 나도 끼어 있다고 생각하면 어떨까?

지금 어렵다는 것,
지금 초라하고 작아 보인다는 것!
그것이 바로 희망의 증거입니다.
눈썹 같은 초승달이 자라서 휘영청 둥근달이 되듯
지금 당신이 보름달이라면
기우는 것을 걱정해야 되지 않겠습니까?
떵떵거리며 사는 자들이 진정으로 어려운 사람들을 선동해서
더 가지려 한다면 참 불행이 아닐 수 없습니다.

명절에 모이면 어떤 이야기들이 오갈까요?
희망보다는 절망을, 내일보다는 어제를, 칭찬보다는 비판을
입을 모아 체념하시렵니까?
저는 이 세상에 대하여 체념하거나 원망하지 않습니다.
체념이 되거든, 원망이 되거든
앞에 떠올렸던 사람들을 생각해 보십시오.
가능하다면 만나 보십시오.
그리고 그들이 만들어내는 기적같은 희망을 만나 보십시오.

흑암과 같이 어둡고 혼돈된 당신의 생각에
한줄기 빛이 어디에서 온다고 생각하십니까?

이번 한가위.
입을 모아 어렵다고 하는 2005년의 한가위
떠오르는 것은 둥근 달만이 아닙니다.
우리가 간절한 마음으로 밀어 올려야 할
마음속의 둥근 달이 있습니다.

2005년 9월 15일

한탄강의
조약돌

미친놈

오늘

정신 차리라는 소리를

너무 많이 들었다

그런 소리를 하는 사람을

위해서인데

1986년 12월

아침

새가 운다

가서 울어라

눈물을 닦지 말고

세상으로 뛰어 나가거라

1986년 12월

노예

분노

그것은 자유의 첫 걸음

1986년 12월

고문

몸서리 쳐지는 고통 속에서

발설의 위기를 넘기는

인간다움이여!

1988년 8월

새소리

아침 새소리 들을 여유도 없다

계속 자고 있는

우리에겐

아침 새소린 없다

그래서 죽어있다

1986년 12월

회충

선생님이 그랬다

그 회충을 세어 오라고

나는 거짓말을 했다

회충이 많으면 많을수록

가난한 것을 알고

1986년 12월

풀섶

그때는 온통 풀로 뒤덮인다

거목의 그림자 밑에서

탄소동화작용 한 번

맘 놓고 못하던

거목이 쓰러져

이제야 휴

온통 풀로 뒤덮인다

1986년 12월

줄을 서다

창살 없는 부자유로부터

철창 속 자유를 향하여

모두들

모두들

줄을 서고 있다

자랑스럽다

1986년 12월

이별

제 둥지를 떠난 새만이

새 둥지를 만든다

자유는

새 둥지를 만들기 위해

자신으로부터 떠나는 것

1986년 12월

장날

엄마 손잡고

눈깔사탕이 그렇게

크게 보이던 날

이제 커서

백화점 문턱이 너무나 높다

1986년 12월

포장마차

슬픔을 마시고

분노를 마시고

세상은 온통 허우적댄다

그러나

평온의 아침이 오리니

1986년 12월

개망초

어디에나 흐드러져 있는

망초들의 고통에 귀 기울이는

그런

망초 중의 하나

너!

1986년 12월

어느 초보운전자

그는 뒤 유리에

"저도 제가 무서워요!"

이렇게 써 놓았다.

나도 내가 무섭다

2011년 8월

상처

상처를 부끄러워 마라

그것이 너를 키웠나니

그 상처로 이미 속죄 되었나니

자랑하라

2011년 10월

동시

모내기

삐뚤빼뚤 작은 벼들이
넓은 논에 줄을 섭니다

키도 작고 줄도 삐뚤
벼들의 입학식입니다

어떤 벼들은 부끄러워
물속에 꼬옥 숨었습니다

그래도 모두들 신이 났는지
두 팔을 벌리고 춤을 춥니다.

1996년 5월 31일

아빠 생각

아빠가 달이 되면
나는 구름이 될 거에요
왜냐구요?
추운 겨울이 오면
꼬옥 덮어주려구요

아빠가 별이 되면
나는 기러기가 될 거에요
왜냐구요?
반짝반짝 손짓하면
훨훨 마중가려구요

1994년 12월 28일

소쩍새와 뻐꾸기

별님이 하나-둘 등불을 켜면
소쩍새는 자장가를 불러줍니다.
참새야 잘 자거라
까치도, 멧새도, 박새, 까투리도 잘 자
뻐꾸기는 잠꼬대 그만하구
꾀꼬리는 벌써 잠들었습니다
소쩍 소쩍 소오쩍

살금살금 새벽이 저만큼 오면
뻐꾸기는 식구들을 깨웁니다
참새야 일어나거라, 뻐꾹
까치도, 멧새도, 박새, 까투리도 어서
잠꾸러기 꾀꼬리야 해님이 놀리겠다
새들은 왁자지껄 아침인사 합니다.
뻐꾹 뻐꾹 뻐어꾹

1995년 5월 14일

추천시평

한탄강 시인 이철우의 「쉰 번째 흐르는 한탄강」의 생태학적 의미와 기독교적 사랑

I

환경운동가에서 정치인으로 다양한 활동을 보여준 이철우가 그가 그토록 사랑해온 한탄강을 시로 노래하고 있는 시집을 내놓는다. 그야말로 '한탄강 시인'으로 새로운 면모를 시민들과 독자들에게 선보이고자 한다. 한탄강은 그의 생명의 젖줄이었으며, 그에게 문학적 상상력을 불어넣어주는 자연의 보고이다. 환경운동가와 정치인으로서 한탄강을 지키려는 노력과 시인으로서 한탄강을 노래하는 것은 각도가 다르다. 물론 전자가 한탄강에 대한 실천적 행위를 더 요구하겠지만 후자인 시인의 입장은 삶 전체를 한탄강의 푸른 물에 푹 담그고 해체시켜서 자연인 이철우를 속속들이 투영시키는 작업이 필요하다. 그런 측면에서 시인으로서 이철우가 한탄강과 근원적인 관계를 설정하는 순간이라고 보아야할 것이다.

사실 이철우의 고향 포천 관인면에 인접한 한탄강이야말로 모든 문명이 강에서 태동하고 있듯이 그의 삶의 시작이요, 모태라고 보아야 한다. 한탄강은 그 곁에 살고 있는 사람들에게 절기와 계절마다 다양한 모습으로 나타나는 자연의 마술을 펼쳐왔다. 또한 그들에게 농사를 지을 수 있도록 물을 공급해주고 맛있는 물고기를 잡도록 해준다. 뿐만 아니라 여름에는 더위를 식혀주기도 하고 그들의 애환의 이야기를 넋두리로 이야기하도록 하고 연인들이 사랑을 속삭이며 강가를 거닐게 하기도 한다. 그 깊은 물속을 들여다보면 신의 생명의 섭리가 숨어있는 것 같고, 격랑을 일으키면 무섭기 짝이 없고 잔잔해지면 그렇게 평화로울 수 없다. 즉 한탄강은 이철우와 고향사람들에게 알파요, 오메가인 셈이다. 이철우는 "한탄강"에서 한탄강이 인간의 모든 것을 품고 존재하고 있다고 보고 "어머니 같은 생명수"라고 정의하고자 한다.

한탄강은 젊기에 힘차게도 흐르고
한탄강은 깊기에 사연들도 많구나
한탄강은 처음이 용암이라 뜨겁고
한탄강은 차기에 냉철도 하구나
아 아름다운 한탄강
하늘의 귀한 선물
사랑해요 한탄강
어머니 같은 생명수

한탄강은 처음을 갈 수 없어 신비하고

한탄강은 낮기에 겸손도 하구나
한탄강은 여럿이 모여서 하나 되고
하나 된 그 여울이 우리들의 한탄강
아 아름다운 한탄강
하늘의 귀한 선물
사랑해요 한탄강
어머니 같은 생명수
어머니 같은 한탄강

「한탄강 2」

이철우 시인은 그토록 중요한 한탄강을 배반하고 어머니의 품에 칼을 들이대는 한탄강 댐 개발론자들과 부딪치지 않을 수 없다. 그들은 한탄강의 생명성을 이해하지 못하고 한탄강을 이윤추구의 수단이나 도구로만 간주한다. 어머니의 젖줄이 병에 걸리면 아기가 죽음에 이를 수 있다는 것을 모르고 개발론자들은 한탄강에 살고 있는 사람들의 젖줄에 오염과 부패의 독극물을 휘저으려는 어리석음을 감히 범하려고 한다. 시인은 환경운동을 벌일 때는 저항의 구호로, 분노의 몸짓으로 표현했지만 이제는 두 눈에서 솟구치는 눈물로, 가슴에서 솟구치는 애도의 노래로 표현하고자 한다. 왜냐하면 한탄강이 죽으면 사람뿐만 아니라 그것과 함께 공동체를 이루고 있는 생태계 전체가 죽음의 길로 갈 수 있기 때문이다. 그로 인해 생명의 강에서 죽음의 강으로 변해 강과 교류하는 것들에게 삶의 찬가 대신에 저주의 물줄기가 될 수 있다고 예언하는 것이 한탄강 시인의 역할이 되는 것이다. 이것은 한탄강에 멀리서 들려오는 불길한 예언자의 탄식소리가 될 것이다. 이철우 시인은 미래에 펼쳐질 끔직한 비극을 사람들에게 경고함으로써 생명의 근원인 한탄강을 자연 그대로 지켜야한다고 "한탄강이 한탄강 사람들에게"란 시에서 절규한다.

나는 보았습니다.
내가 죽으면 모두가 죽는다는 기막힌 과거를 알고 있습니다.
이미 사람들 사이의 진실은 질식되어 있는 줄 압니다.
모든 것을 받아들이고
모든 것을 내어주었던 순환이 절단되려 합니다.

물론 나는 언젠가 내 모습을 찾습니다.
그 뜨겁고 두껍던 용암도 나를 숨겨둘 수가 없었듯이 말입니다
하물며 한줌도 안 되는 인간 욕망의 덩어리쯤이야.
그러나 그 대가는 바로 한탄강 사람들의 몫이 됩니다.

「한탄강이 한탄강 사람들에게」 중에서

이철우는 시인으로서 가슴 속에 큰 사랑을 품고 살고 있다. 그러나 그의 사랑은 결코 이기적인 욕망이나 편파적인 가족애

의 수준에 머물지 않는다. 그는 한 차원 넘어서 인류나 모든 생명에 대한 사랑이라는 보편적이고 아가페적인 사랑으로 그 영역을 확장시키고자 한다. 그러나 세상 사람들은 그의 큰 사랑을 이해하지 못하고 계급적이거나 이데올로기적 수준으로 폄하나 매도하기도 하여 그를 고난의 장으로 몰아간 적도 있다. 그는 부정의에 대해서 시위에 앞장서기도 하고 국회의원이 되어 정치적 입지를 세운 적도 있다. 그러나 그에게 더 중요한 것은 그의 큰 사랑을 실천할 수 있는 선한 세상을 창조하는 것이다. 그런 사랑의 원천은 물론 인간적 차원을 넘어서 예수의 사랑을 본받아 세상을 위해서 자신을 바치고자 하는 마음에서 출발하는 것이다.

시인이 바라보는 세상은 그의 큰 사랑을 상실하고 표류하고 있다. 즉 인류를 구원하려고 자신을 버리는 큰 사랑보다는 자신과 가족의 영달만을 위해서 안달하는 극도로 이기적인 사랑을 내세우는 사람들은 모두 신앙의 정체성을 상실한 존재라고 시인은 진단한다. 사람이 동물이나 다른 존재보다 귀중한 것은 신께서 인간을 창조하실 때 유일하게 자신을 본떠 창조하였기 때문이다. 사람들이 서로 사랑하고 존중해야 하는 이유가 바로 우리 모두의 가슴 속에 기독교적 신이 존재하기 때문인 것이다. 그러나 사람들은 이 귀중한 존재에 대한 정체성을 잃어버리고 낙원이 아닌 황무지에서 방황하고 있는 것이다. 이철우는 자신을 포함한 모든 사람들에게 질문하기에 이른다. 하나님의 귀중한 사랑으로 만들어진 사람들의 존재에 대해 자문함으로써 그들의 정체성 회복의 절박함을 호소하고자 하는 것이다.

이제는
그 사랑의 추억마저 그리워하는 욕심쟁이가 되어
안일함을 탐하고
제 양식만을 구하고
제 식구만을 그리워하는 우스꽝스런 사람이 되었습니다.
"나는 사랑이다
너는 나를 본떠 만들었다"
그런데 나는 도대체 어디를 갔습니까?
누구 나를 찾아줄 이 없습니까?

「나를 찾습니다」 중에서

이철우가 바라보는 한국사회는 보수와 진보의 극단적인 분열에 시달리고 있다. 냉전시대의 모순으로 잘려진 국토도 서러운데 남한마저도 좌우로 갈리어서 걸핏하면 둘로 나뉘어 서로 소리를 높이고 있다. 한국인들은 지금 국토의 분단이 가져오는 외형적 분열이 우리들의 의식 속에 내면화되어 내적 분열로 고통을 겪고 있는 것이다, 물론 군사정권의 극우적 정책이 몰고 가는 극단적 반공주의나 사회주의에 대한 왜곡된 인식이 진보

진영을 말살시키려는 극단적 공격과 극단적 방어를 파생시켰다고 본다. 헤겔의 변증법처럼 양극단이 주고받으면서 절충점을 찾는 것이 아니라 영원히 평행선을 달리려고 하는 고질적 관성에서 벗어나지 못하고 있는 것이다. 시인은 이러한 극단적 분열증을 치료할 수 있는 유일한 방법은 남한과 북한의 통일이며, 통일이 되는 날 극단주의자들이 설 자리가 없다고 "내가 통일을 원하는 진짜 이유"라는 시에서 자신 있게 선언한다.

언젠가
아주 먼 훗날일지
아니면 바로 내일일지 모르지만
지금의 극단주의자들이 사라지는 날
그날이 통일의 날이라는 것만은 확실히 알 수 있습니다.

「내가 통일을 원하는 진짜 이유」 중에서

II

이철우는 세상이 메말라가고 이기주의가 판을 치는 현상에 대해서 안타까운 눈으로 바라본다. 이런 비인간주의를 극복하는 처방은 이타적 사랑밖에는 없다. 이타적 사랑 중에서도 어머니의 사랑이야말로 가장 헌신적인 형태를 보여준다고 볼 수 있다. 특히 값으로야 얼마 되지 않지만 어머니는 가을 수확을 거두어들이면 자식들에게 조금씩이라도 나누어 주는 것을 기뿜으로 삼는다. 일부 어머니는 가족 제일주의에 몰입하여 자기 자식만을 챙기느라 주위를 살피지 못하는 모습을 보이기도 하지만 시인의 어머니는 결코 편협한 여인이 아니다. 어려운 이웃에게도 자식들과 똑같은 사랑을 베풀어 주어 오히려 자식들을 감동시키는 통 큰 여인이다. 만약에 돈 많은 재벌들이 어머니의 마음을 배운다면 세상이 달라질 수 있겠지만 그럴 가능성은 제로인 것이 현실이다. 그러하기에 시인은 세상에 절망했을 때 어머니의 품으로 돌아와서 잠시 안식을 취할 수 있으며 빈 마음에 어머니의 사랑으로 가득 채워서 다시 세상에 대한 개혁의 꿈을 꿀 수 있는 것이다. 시인에게 이러한 깨달음으로 인하여 어머니의 헌신적이고 보편적인 사랑을 위대하다고 보는 것이다.

우리 4남매는 집집마다 어머님의 땀방울을
냉장고에 담아놓고 삽니다.
말로는 어머니 이제 그만 하시라고 하면서도
주말이면 또 갑니다
거기에는 먹을 것이 늘 풍성합니다.
우리 어머니의 수확을 어찌 돈으로 계산 할 수 있겠습니까.
어머니는 땅과 하늘과 사람의 관계를 너무도 잘 아십니다.
들기름 참깨 땅콩 밤까지 한 보따리씩 이웃에 혼자 사는 분들께
나누는 것도 잊지 않으십니다.

아 참 지금 우리 집은 메주가 상석을 차지하고 있습니다.
다음 주에는 두부를 하신다고 합니다.
무궁무진한 우리 어머니의 생산력을 우리는 반도 따라가지 못 합니다.
돈으로 사면 된다구요?
천만에요. 안팝니다. 물량이 없어서 아무리 값을 많이 줘도 못 팝니다.
우리 어머니의 가을 수확!
억만금입니다

「우리 어머니의 가을 수확 명세서」 중에서

시인은 얼음판처럼 풀리지 않는 현 시점의 국제관계나 국내 정치를 답답하게 바라본다. 미국의 일방적 독주에 의해서 이라크, 아프가니스탄 등의 제3세계가 겪는 고통은 형언할 수 없을 정도이다. 테러와의 전쟁이라는 명분을 내세웠지만 수많은 병사들과 시민들의 죽음만 반복되었을 뿐 근본적인 해결은 요원하다. 남북관계는 기껏 발아한 남북화해의 물결은 썰물이 되어 사라지더니 돌아올 줄 모른다. 그렇게 원하는 통일의 가능성은 물 건너갔다는 탄식이 나오니 시인의 마음은 봄은 왔지만 전혀 봄기운을 느끼지 못하는 절박함에 사로잡혀있는 것이다. 이제 50살이 되었으니 세상에 대한 뜻을 이루어야할 나이가 아닌가. 봄이 왔다고 안이하게 봄 같지 않은 봄에 만족해서는 안 된다. 물에 술 탄 듯 술에 물탄 듯한 적당주의로서는 답답한 현실을 개혁할 수 없다. 시인은 "차라리 매서운 바람에 옷깃을 여미며 / 날카롭게 봄을 기다리는" 편이 낫다고 판단하는 것이다.

올 봄처럼 나른하고 팍팍한 거라면
차라리 매서운 바람에 옷깃을 여미며
날카롭게 봄을 기다리는 편이
아직은 씨앗으로 누워있는 車前子가
수레바퀴에 온몸 헤져버린 질경이보다
나은 같지 않을까
하는 사람들이 꽤 있는 듯 싶습니다.

「쉰 번째 봄」 중에서

한국사회는 이념만으로 나뉘어있는 것이 아니라는 것은 국민들이 경제적 양극화의 과정을 겪으면서 뚜렷하게 드러나고 있다. 재벌과 부자 위주의 경제정책은 중산층의 몰락으로 이어지고 신자유주의 시장에서 때 이른 구조조정은 4~50대의 가장들을 경제적으로 무장해제 시키는 우를 범한다. 퇴직금으로 위기를 탈출하려고 성급하게 창업을 시도하는 가장들은 그나마 노후자금마저 털리고 거리에 나앉는 상황도 종종 연출된다. 시인의 눈에는 이 사회에서 억울하게 고통을 받는 사람들을 떠올리며 환한 보름달을 연상한다. 보름달이 환하게 떠오르듯 시인의 마음속에 고통 속에 있는 사랑하는 이웃들, 친구들, 얼굴조차 모르지만 사회의 어두운 곳에서 아직도 기약 없는 희망의 끈을 놓지 않고 살아가는 사람들의 얼굴을 떠올린다. 모두 시장을 한 바퀴 돌아보면 만날 수 있는 얼굴들이다. 모두 권력을 가진 자들이 시인의 어머니와 같은 마음을 가지지 못하고 특정계층을 비호하고 서민들의 눈물을 닦아주지 못해서 생긴 결과가 아니겠는가. 시인은 마치 고통을 겪고 있는 자들을 벽 위에 붙여 나열하거나 그들을 위해 기도하기 위해 호명을 하듯이 안타까운 얼굴들을 하나씩 풀어나간다. 독자들에게 함께 돌보아야할 사람들을 확인시키듯이 큰 소리로 불러보는 느낌을 자아내는 것이다.

감옥에서 창살에 걸린 보름달을 바라보고 있을 사람들!
군에 가 있는 식구들!
이라크에 파병된 효재!
외국에 공부하러 간 처남!
너무 살기가 힘들어 고향으로 가기가 힘겨운 사람들!
장애인 시설, 양로원에 있는 사람들!
태풍에 삶의 터전을 잃은 이재민들!
전쟁으로 고통 받는 사람들!
분단으로 고통 받는 모든 사람들!
억울하고 억울한 사람들!
원양어선에서 고기 잡는 선원들!
사원들 월급을 주지 못해 쩔쩔매는 중소기업 사장님들!

분신한 화물노동자!
살면서 만나온 사람들을 떠오르는 대로 적었습니다.
대목장 치고는 평소나 다름없는 장터를 한 바퀴 돌면서 떠올려본 사람들입니다.

「떠오르는 것은 둥근 달만은 아닙니다」 중에서

III

이철우는 시민운동가이자 환경과 생태에 대한 지대한 관심을 가진 한탄강 시인인지라 시에 그의 메시지를 담아내려는 관념적 의지가 강하다. 이런 이유로 시를 문학적으로 섬세하게 표현하는 것보다 강한 메시지를 담으려는 주지적 사실주의가 주조를 이루었던 것도 사실이다. 시어도 감성적인 뉘앙스보다 개혁적이고 제시적인 것들이 많았고 시적 구조도 그의 메시지를 담아내기 위해서 길고 사설적이었다. 하지만 이철우가 장시보다 단시로 바꾸어 일종의 선시를 닮은 새로운 시도를 하고 있다. 그의 시적 형태의 변화는 시의 메시지를 사회적이거나 정치적인 것에서 선적이고 철학적이며, 감성적인 경향으로 바꾸어 놓고 있다.

시적 형태의 변화는 시 자체를 매우 단아하게 만들고 단숨에 독자들의 심금을 울릴 수 있다. 그는 애달픈 민중을 아침에 우는 새의 이미지로 담아낸다. 권력자에게 핍박을 받는 민중은 풀잎처럼 바람이 힘차게 불면 쓰러지고 바람이 지나가면 다시 일어서는 수동성을 보일 때가 많다. 바람에 맞서서 버티면 위험하다는 본능적인 감각을 지니고 있다. 힘 있는 자가 때리면 맞고 남이 보이지 않는 곳에 가서 눈물을 흘리기도 한다. 그것이 개혁적인 시인의 눈에는 어쩌면 청승맞은 모습일 수 있다. 권력이 저지르는 부정의에 대해서 고개를 쳐들고 저항하는 민중의 모습이 필요한 시점이라고 보았을 것이다.

새가 운다
가서 울어라
눈물을 닦지 말고
세상으로 뛰어 나가거라

「아침」

이철우는 군사독재정권에 맞서서 싸우던 시절이 있었다. 독재정권의 구금상태는 아마도 인생에서 가장 아픈 악몽이었을 것이다. 인간의 한계상황을 실험하는 폭력에 대해서 위기의 순간을 넘나드는 과정은 참으로 고통스러웠을 것이다. 그러나 그는 가장 비인간적인 불법적 폭력을 가하는 권력에 대해서 시인은 오히려 역설적인 자세를 취한다. 즉, 시인은 가장 비인간적인 상황에서 인간적 가치를 지키고자 한다. 대부분의 사람들은 자신의 생존을 위해서 고문자 앞에 무릎을 꿇기 쉽다. 그런 인간적인 허약함을 알기에 독재자는 고문이란 비인간적 수단을 존속시킨다. 자신을 위해서 수많은 동지들을 수렁으로 빠뜨려서는 안 된다는 도덕적 책임감이 발설을 막았으리라. 그 위기를 넘긴 후 시인은 자신이 지켜낸 인간적 가치를 음미하며 권력이 휘두르는 고문을 풍자화 할 수 있는 것이다.

몸서리 쳐지는 고통 속에서
발설의 위기를 넘기는
인간다움이여

「고문」

이제 이철우는 새로운 출발을 준비하고 있다. 과거 암울했던 군사독재 시대를 거쳐 민주화 시대를 위해 치열하게 살았음에도 불구하고 한국 사회의 모순은 여전하고 남북관계는 경색되어 수구적 회귀현상을 보이고 있다. 우리가 자유를 완벽하게 이루었고 경제적으로 선진국에 들어섰다고 김칫국을 마시는 동안 한국사회는 어느새 모든 영역에서 후퇴하는 징조가 보이고 있다. 시인은 또 하나의 출발을 선언하고자 한다. 역사는 진보로 갈 것인가 수구로 갈 것인가 확실한 방향을 정하지 못하고 갈지자를 걷고 있다. 한국은 진보 정권 십년 만에

방향을 바꾸어 역사의 바퀴를 역회전시키고 있다. 지금까지 완성시켰다고 믿었던 것들을 부수고 다시 새로운 역사를 이루어야할 시점이다. 정들었던 둥지를 떠날 줄 알아야 새로운 둥지를 틀 수 있다는 깨달음은 기존의 것들과 과감하게 이별을 선언하게 한다. 시인은 아마도 자신마저도 포기할 수 있는 용기를 가지고자 할 것이다. 이런 빈 마음의 자세만이 참다운 자유를 맛볼 수 있게 할 것이다.

제 둥지를 떠난 새만이
새 둥지를 만든다
자유는
새 둥지를 만들기 위해
자신으로부터 떠나는 것

「이별」

시인의 시선은 항상 평소에 자기 자신처럼 사랑하는 민중에게 향한다. 경제적 양극화 현상으로 시름에 잠겨있는 민중들이 소주 한잔에 애환을 달래는 포장마차는 민중들의 허름한 안식처이다. 세상에 나가 생존의 전투에서 싸우다 만신창이 되어서 비틀거리며 드나드는 좁은 공간에서 민중들은 삶의 오물들을 쏟아내고자 한다. 그렇지 않고서는 이 암흑의 밤을 견딜 수 없다. 그들은 소주 한 잔마다 삶의 상처들을 담아서 마셔버린다.

포장마차의 좁은 공간은 슬픔, 분노 그리고 애환의 소리로 가득 차 혼돈의 모습을 보이지만 밤이 깊을수록 감정의 찌꺼기들이 가라앉으면서 평온의 가능성을 열어놓는다. 벌써 게슴츠레 눈을 뜨고 집으로 터벅거리고 가는 이도 있고, 술에 취해 깜박 잠이 든 이도 있고, 잠긴 목소리로 나지막이 유행가를 흥얼거리는 이도 있다. 중요한 것은 이런 혼돈에도 불구하고 이제 동녘에서 해가 동터오고 새로운 희망의 아침을 맞이한다는 것이다. 아무리 어려운 민중도 이 어둠이 지나면 아침이 오고 말리라는 믿음이 있기에 고통을 견딜 수 있으리라.

슬픔을 마시고
분노를 마시고
세상은 온통 허우적댄다
그러나
평온의 아침이 오리니

「포장마차」

결국 이철우는 시인으로서 모든 민중들이 오순도순 평화롭게 살아가는 세계를 꿈꾼다. 서로 남을 밀어내고 앞서나가려는 신자유주의적 생존경쟁의 삶이 아니라 서로 사랑하고 도와주는 동화적 삶이 절실하게 그리운 시대이기 때문이다. 시인은 '소쩍새와 뻐꾸기'에서 한 폭의 사랑이 가득한 가족의 삶을

그린다. '포장마차'에서 삶의 무게에 지쳐 소주 한잔에 취해 살아가는 사실주의적 세계와는 대조적인 동화적이고 낭만적인 세계를 제시함으로써 사랑과 평화가 가득한 사회를 암시하고자 한다. 여기에서는 경쟁이나 투쟁 같은 거친 단어가 존재하지 않는다. 그것보다는 공존과 상생의 삶이 비록 꿈속이나 시에서라도 보여주지 않으면 민중들에게 희망의 시를 쓸 수 없다고 본다. 시인은 동물들을 화자로 등장시켜서 동화적 세계에서 서로 축복하면서 잠드는 모습을 일연에서 노래하고, 이연에서는 평화로운 잠에서 깨어서 희망의 아침을 맞이하는 동물가족을 그리고 있다.

별님이 하나－둘 등불을 켜면
소쩍새는 자장가를 불러줍니다.
참새야 잘 자거라, 소－쩍
까치도, 멧새도, 박새, 까투리도 잘 자
뻐꾸기는 잠꼬대 그만하구
꾀꼬리는 벌써 잠들었습니다
소쩍, 소쩍, 소오쩍

살금살금 새벽이 저만큼 오면
뻐꾸기는 식구들을 깨웁니다
참새야 일어나거라, 뻐꾹
까치도, 멧새도, 박새, 까투리도 어서

잠꾸러기 꾀꼬리야 해님이 놀리겠다
새들은 왁자지껄 아침인사 합니다.
뻐꾹, 뻐꾹, 뻐어꾹

「소쩍새와 뻐꾸기」

이철우는 이번 시집을 발간하면서 한탄강 환경운동가에서 한탄강 시인으로 변신하고 있다. 하지만 양자 간의 근본적인 차이는 시민운동과 시인이라는 표현일 뿐일지 모른다. 한탄강의 아들로서 한탄강을 사랑하는 마음이야 어찌 변하겠는가. 그러나 역시 시인은 그 사랑을 단아하고 정교한 언어적 조탁을 통해서 한탄강을 자연그대로 보존하도록 호소하는 전략을 구사하는 존재이다. 한탄강과 그 주위에서 삶의 터전을 일구고 있는 민중들에게 한탄강을 개발하기 보다는 천혜의 생태계를 잘 보존하는 것이 더 중요하다는 메시지를 통해서 더욱 호소력 있게 전달하고자 한탄강 시인으로 변신을 시도하고 있는 것이다. 최근에 보여주는 단시는 삶의 지혜를 선적 시어로 짧게 만들어가고 있으며, 문학적으로도 실험의 가치가 충분히 있다고 평가하고 싶다. 앞으로 튼튼이 시작에 전념하여 기독교 정신을 바탕으로 한 사랑의 메시지를 세상에 널리 전파하기를 기대한다.

대진대 교수, 시인, 문학박사

박 정 근